A Beginning-to-Read Book

SENTIMIENTOS IMPORTANTES
SENTIRSE TÍMIDO

por Mary Lindeen

Norwood House Press

ESTIMADO (A) CUIDADOR (A), Los libros de la serie Comenzando a Leer - Grandes Sentimientos apoyan el aprendizaje social y emocional (ASE) de los niños. Se ha demostrado que el ASE promueve no sólo el desarrollo de la autoconciencia, la responsabilidad y las relaciones positivas, sino también el rendimiento académico.

Investigaciones recientes revelan que la parte del cerebro que gestiona las emociones está directamente conectada con la parte del cerebro que se utiliza en tareas cognitivas como la resolución de problemas, lógica, razonamiento y pensamiento crítico, todo lo cual es fundamental para el aprendizaje.

El ASE también está directamente vinculado con lo que se conoce como Habilidades del Siglo XXI: colaboración, comunicación, creatividad y pensamiento crítico. Los libros incluidos en esta serie de ASE ofrecen un acercamiento temprano para ayudar a los niños a desarrollar las competencias que necesitan para tener éxito en la escuela y en la vida.

En cada uno de estos libros, los niños más pequeños aprenderán a reconocer, nombrar y manejar sus sentimientos, al tiempo que aprenden que todo el mundo comparte las mismas emociones. Esto les ayuda a desarrollar competencias sociales que les beneficiarán en sus relaciones con los demás, lo que a su vez contribuye a su éxito en la escuela. Además, los niños también practican habilidades lectoras tempranas mientras leen palabras de uso frecuente y vocabulario relacionado con el contenido.

Los materiales de la parte posterior de cada libro le ayudarán a determinar el grado de comprensión de los conceptos por parte de su hijo, le proporcionarán diferentes ideas para que practique la fluidez y le sugerirán libros y páginas de internet con lecturas adicionales.

Lo más importante de la experiencia de lectura con estos libros, y con todos los demás, es que su hijo se divierta y disfrute leyendo y aprendiendo.

Atentamente,

Mary Lindeen

Mary Lindeen, autora

Norwood House Press
For more information about Norwood House Press please visit our website at www.norwoodhousepress.com or call 866-565-2900.
© 2022 Norwood House Press. Beginning-to-Read™ is a trademark of Norwood House Press.
All rights reserved. No part of this book may be reproduced or utilized in any form or by any means without written permission from the publisher.

Editor: Judy Kentor Schmauss   **Designer**: Sara Radka   **Consultant**: Eida Del Risco

Photo Credits: Getty Images: Antonio_Diaz, 26, charlie schuck, 18, Elva Etienne, 6, eyecrave, 21, Fly View Productions, 22, Hill Street Studios, 9, Imageegaml, 14, Imagesbybarbara, 17, JGalione, 10, JGI/Jamie Grill, 5, Johner Images, 25, Kinzie+Riehm, 29, Mark van Dam, 13, SDI Productions, 3; Shutterstock: Evgenyrychko, cover, Evgenyrychko

Library of Congress Cataloging-in-Publication Data
Names: Lindeen, Mary, author.
Title: Sentirse tímido / por Mary Lindeen.
Other titles: Feeling shy. Spanish
Description: Chicago : Norwood House Press, [2022] | Series: A beginning-to-read book | Audience: Grades K-1 | Summary: "What does it mean to feel shy? Readers will learn how to recognize and manage that feeling in themselves, and how to respond to others who feel that way. An early social and emotional book with Spanish-only text, including a word list"-- Provided by publisher.
Identifiers: LCCN 2021049947 (print) | LCCN 2021049948 (ebook) | ISBN 9781684507948 (hardcover) | ISBN 9781684047161 (paperback) | ISBN 9781684047246 (epub)
Subjects: LCSH: Bashfulness--Juvenile literature.
Classification: LCC BF575.B3 L4618 2022 (print) | LCC BF575.B3 (ebook) | DDC 155.2/32--dc23/eng/20211124
LC record available at https://lccn.loc.gov/2021049947
LC ebook record available at https://lccn.loc.gov/2021049948

Library ISBN: 978-1-68450-794-3   Paperback ISBN: 978-1-68404-716-1

¿Alguna vez te ha dado un poco de miedo conocer a alguien?

¿Sientes como si quisieras esconderte o desaparecer?

Todo el mundo se siente así algunas veces.

Y está bien.

Tal vez solo te sientes tímido.

¿Cómo sabes que te sientes tímido?

Quizá solo quieres observar a los demás por unos minutos.

Tal vez quieras sentarte o ponerte junto a alguien que conoces, guardando silencio.

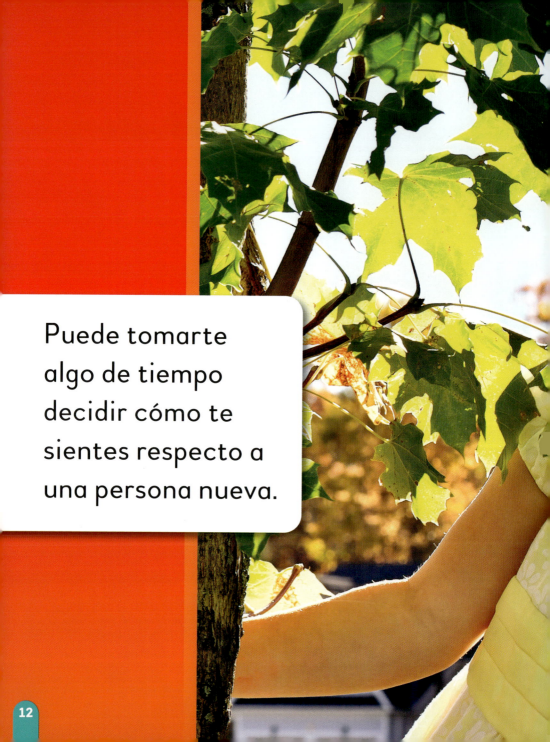

Puede tomarte algo de tiempo decidir cómo te sientes respecto a una persona nueva.

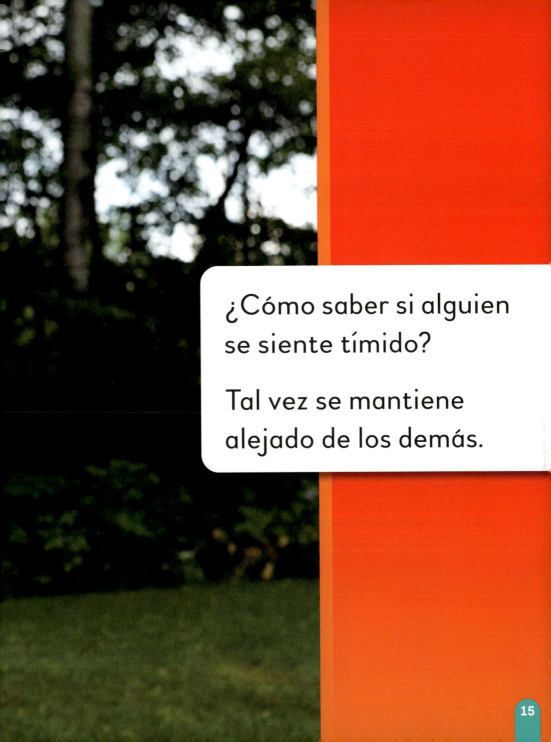

¿Cómo saber si alguien se siente tímido?

Tal vez se mantiene alejado de los demás.

Podría agarrar la mano de alguien en quien confía, como uno de sus padres o un maestro.

Tal vez esconda la cara.

Una persona que se siente tímida solo necesita un poco de tiempo para sentirse más cómoda.

Sé paciente.

Hazle saber que eres un amigo que esperará hasta que esté listo.

A veces, puede ayudar sentarse en silencio junto a alguien que se siente tímido.

Eso le ayuda a darse cuenta de que no está solo.

Demuéstrale que eres una buena persona y que no tiene nada que temer.

¡Tal vez hasta hagas un nuevo amigo!

Lista de palabras

a
agarrar
alejado
algo
alguien
alguna
algunas
amigo
así
ayuda
ayudar
bien
buena
cara
como
cómo
cómoda
confía
conocer
conoces
cuenta
dado
darse
de
decidir
demás
demuéstrale
desaparecer

diga
el
en
eres
esconda
esconderte
eso
esperará
está
esté
guardando
ha
hable
hagas
hasta
hazle
junto
la
le
listo
los
maestro
mano
mantiene
más
miedo
minutos
mucho

mundo
nada
necesita
no
nueva
nuevo
o
observar
paciente
padres
para
persona
poco
podría
ponerte
por
puede
que
quien
quieras
quieres
quisieras
quizá
respecto
saber
sabes
se
sé

sentarse
sentarte
sentirse
ser
si
siente
sientes
silencio
solo
sus
tal vez
te
temer
tiempo
tiene
todo
tomarte
tímida
tímido
un
una
uno
unos
veces
y

Sobre la autora

Mary Lindeen es escritora, editora, madre y, anteriormente, profesora de primaria. Ha escrito más de 100 libros para niños y ha editado muchos más. Se especializa en la alfabetización temprana y en libros para jóvenes lectores, especialmente de no ficción.